ANALISI DEL LIBRO

AF142043

Il gentiluomo borghese

· · · · · · · · · · · · ·

MOLIÈRE

ANALISI DEL LIBRO

Scritto da Fabienne Gheysens
Tradotto da Sara Rossi

Il gentiluomo borghese

Molière

MOLIÈRE

DRAMMATURGO, ATTORE E REGISTA TEATRALE FRANCESE

- **Nato nel 1622 a Parigi**
- **Morto nel 1673 nella stessa città**
- **Alcune delle sue opere:**
  - *Dom Juan* (1665), commedia
  - *L'avaro* (1668), commedia
  - *Le Malade imaginaire* (1673), commedia-balletto

Molière (il cui vero nome era Jean-Baptiste Poquelin) nacque a Parigi nella ricca borghesia. Si dedicò al teatro in giovane età e fondò la compagnia Illustre-Théâtre (1643-1645) con l'attrice Madeleine Béjart (1618-1672). Dopo 13 anni di teatro itinerante nelle province tornò a Parigi, dove fu notato dal re Luigi XIV (1638-1715), che lo prese al suo servizio e lo pose sotto la sua protezione.

Molière scrisse soprattutto commedie in cui, con il pretesto della risata, metteva a nudo i difetti dei suoi contemporanei (preziosismo, pedanteria, avarizia, ecc.) e criticava alcuni membri della società del XVII secolo (padri autoritari, falsi devoti, medici ciarlatani, ecc.)

Il 17 febbraio 1673 si ammalò sul palcoscenico durante una rappresentazione di Le *Malade imaginaire* e morì a casa la sera stessa. Le sue numerose opere teatrali hanno ancora oggi una notevole influenza e ne fanno uno dei principali autori del secolo classico.

IL GENTILUOMO BORGHESE

IL SIGNOR JOURDAIN O LA FOLLIA DELLA GRANDEZZA

- **Genere:** commedia-balletto
- **Edizione di riferimento:** *Le Bourgeois gentilhomme*, *Le Médecin malgré lui*, Paris, Maxi-Livres, 2005, 158 p.
- **1ª edizione:** 1670
- **Temi:** borghesia, arrivismo, ridicolo, parvenus, scalata sociale, educazione

Rappresentato per la prima volta nel 1670 alla corte di Luigi XIV, *Le Bourgeois gentilhomme* è una commedia-balletto di Molière, che combina la musica di Jean-Baptiste Lully (compositore francese di origine italiana, 1632-1687) con intermezzi di danza di Pierre Beauchamp (ballerino e maestro di danza francese, 1631-1705).

Un borghese molto ricco, il signor Jourdain, è un parvenu. Colto dalla follia della grandezza, desidera entrare nell'aristocrazia. Cerca di imparare le maniere dell'aristocrazia (grazie a lezioni private impartitegli da maestri), corteggia una marchesa e cerca un genero nobile, ma riesce solo a farsi prendere in giro e truffare da tutti.

Questa famosa opera teatrale, precursore del musical, è stata rappresentata migliaia di volte dalla sua creazione, diventando così un classico. È stata anche adattata più volte per il cinema e l'opera.

SINTESI

ATTO I

Scena I

Il maestro di musica e il maestro di danza sono contenti di avere il signor Jourdain come allievo, perché, sebbene abbia una scarsa conoscenza della nobiltà, li paga bene. Oltre al denaro, il maestro di ballo apprezza le lodi che riceve per aver praticato la sua arte, perché lusingano il suo ego.

Scena II

Arriva il signor Jourdain. I due padroni ammirano ipocritamente il suo abbigliamento e gli fanno molti complimenti, anche se il loro ospite è in realtà vestito solo con una vestaglia e una cuffietta.

Il signor Jourdain ascolta poi una serenata composta dal discepolo del maestro di musica, che trova cupa. Poi canta una canzoncina leggera; entrambi i maestri si complimentano con lui e ognuno gli assicura l'indispensabilità della sua arte.

La scena si conclude con un intermezzo musicale composto da tre musicisti, che piace molto al signor Jourdain.

ATTO II

Scena I

Il signor Jourdain dimostra la crudezza dei suoi gusti artistici confessando di amare la tromba marina, uno strumento noto per il suo rumore poco melodioso. Accetta un concerto di musica a casa sua una volta alla settimana, perché il maestro di musica dice che questa è un'usanza osservata dalle persone di qualità.

Il signor Jourdain annuncia poi l'arrivo della marchesa Dorimène la sera stessa. Vuole poi imparare a fare l'inchino.

Scene II e III

Arriva il maestro d'armi. Il signor Jourdain dimostra la sua goffaggine (non riuscendo a difendersi da un semplice attacco di fioretto) e dice sciocchezze (capendo che un uomo, se sa fare i giusti movimenti di polso quando maneggia il fioretto, è sicuro di non essere ucciso dal suo avversario).

Quando il maestro d'armi afferma la superiorità della sua arte, scoppia una discussione tra i tre maestri. Il signor Jourdain cerca di intervenire, ma nessuno gli presta attenzione.

L'insegnante di filosofia appare allora e afferma che è la filosofia a dominare tutte le discipline. La lotta riprende e il signor Jourdain, stanco di essere ignorato, li lascia combattere tra loro.

Scena IV

Quando la discussione è finita, il professore di filosofia inizia la sua lezione con una citazione latina (*"Nam sine doctrina vita est quasi mortis imago"*: senza la scienza, la vita è un'immagine della morte), che il borghese finge di capire per apparire colto. L'insegnante gli chiede cosa desidera imparare. Il signor Jourdain si rifiuta di discutere di logica, morale e fisica, che considera noiose e poco interessanti; dimostra così di non aver capito affatto la frase in latino del suo interlocutore.

Il signor Jourdain preferisce imparare l'ortografia. L'insegnante di filosofia decide di impartirgli una lezione sulle vocali e sulla loro pronuncia, che è ben lontana dal suo campo preferito. Il suo ospite ripete le vocali con candore e ridicolo.

Alla fine della lezione, il borghese chiede all'insegnante di aiutarlo a scrivere alcune parole per sedurre la marchesa. A questo punto mostra una nuova sfaccettatura della sua ignoranza: non sa cosa sia la prosa. Insiste affinché l'insegnante di filosofia scriva qualcosa di simile a "bella marchesa, i tuoi begli occhi mi fanno morire d'amore": non ha ancora scritto il biglietto destinato a Dorimène e vorrebbe che l'insegnante lo modificasse per renderlo il più incisivo possibile. Quest'ultimo suggerisce delle alternative, prima di ammettere che la formulazione inizialmente utilizzata dal signor Jourdain è la migliore. Jourdain si vanta di aver trovato questa formula grazie al suo talento naturale.

Scena V

Il maestro sarto viene a consegnare il suo ordine. Il signor Jourdain si lamenta che le calze gli fanno male e, quando gli viene presentato un indumento su cui i fiori sono raffigurati al contrario, esprime il suo stupore. Il sarto rimedia al suo errore assicurandogli che è così che le persone di qualità indossano i fiori, una palese bugia per entrare nelle grazie dei borghesi. Il signor Jourdain accetta immediatamente di indossare l'indumento.

I garzoni del sarto, assistenti del padrone, si rivolgono al signor Jourdain con termini nobili ("gentiluomo", "vostra altezza"), il che lo lusinga: per ricompensarli, il borghese dà loro del denaro.

ATTO III

Scene da I a III

Il signor Jourdain va a fare una passeggiata per mostrare i suoi nuovi abiti. Nicole, la cameriera, ride del suo abbigliamento ridicolo. Il signor Jourdain le dice che quella sera arriveranno degli ospiti, interrompendo le sue risate e mettendola di cattivo umore.

Arriva poi la signora Jourdain, che rimprovera il marito per i suoi sogni di nobiltà e gli assicura che molte persone si prendono gioco di lui e del suo comportamento. Nicole si lamenta del lavoro extra che comporta la sfilata dei maestri. Il sig. Jourdain, contrariato, dà la colpa alla loro ignoranza e cerca di dimostrare la sua conoscenza facendo riferimento alla sua lezione di pronuncia.

La signora Jourdain deplora anche il fatto che un signore, Dorante, continui a prendere in prestito denaro da loro: a differenza del marito, non crede che glielo restituirà mai.

Scene IV e V

Dorante arriva e subito lusinga il signor Jourdain. Promette di saldare i debiti e riesce a ottenere ancora più denaro: il signor Jourdain è ancora una volta ingannato, perché non può rifiutare nulla a un uomo che parla di lui al re e lo ricopre di complimenti.

Dorante cerca Lucile, la figlia dei Jourdain, perché vuole vederla. La signora Jourdain, che non si lascia ingannare dalle sue ipocrite lusinghe, lo schernisce ironicamente.

Scena VI

Dorante conferma l'arrivo della marchesa Dorimène: fa il sensale. Insiste sul fatto che alle donne piace essere ricoperte di regali. Il signor Jourdain, che spera di sedurre la marchesa, fa in modo che la moglie non sia presente alla cena; vuole evitare qualsiasi imbarazzo. Nicole spia la conversazione per conto della signora Jourdain, ma i due uomini escono di scena non appena la vedono.

Scena VII

Nicole riferisce alla signora Jourdain. Non è sorpresa dalla volubilità del marito e non la prende sul personale. In particolare, vorrebbe che la figlia sposasse Cléonte, il suo pretendente. Ordina quindi a Nicole di mandarlo a chiamare per chiedere la mano di Lucile.

Scene da VIII a X

Nicole raggiunge Cléonte. Lui e il suo valletto, Covielle, non vogliono sentire nulla di ciò che lei ha da dire e la scacciano prontamente. In effetti, entrambi gli uomini si lamentano di essere stati precedentemente ignorati in un incontro casuale: Cléonte da Lucile e Covielle da Nicole, di cui è l'amante. Tuttavia, Cléonte rimane innamorata di Lucile e Covielle è altrettanto innamorata di Nicole.

Quest'ultima racconta a Lucile della cattiva accoglienza ricevuta a casa di Cléonte. Le giovani cercano di chiarire l'equivoco e i loro pretendenti finalmente ascoltano le loro spiegazioni: sono state accompagnate da una vecchia zia per la quale il solo avvicinarsi di un uomo disonora una giovane ragazza. Le due coppie si riconciliano.

Scene da XI a XV

Cléonte chiede a Lucile di sposarlo, ma il signor Jourdain rifiuta la proposta del giovane perché non è un "gentiluomo". Cléonte, tuttavia, si trova allo stesso livello della famiglia Jourdain nella scala sociale.

Tra i coniugi Jourdain nasce una discussione sugli interessi della famiglia: la signora Jourdain vorrebbe che sua figlia sposasse un uomo dello stesso rango sociale; il signor Jourdain, invece, vorrebbe che sua figlia diventasse una marchesa.

Cléonte è disperata, ma Covielle ha un piano per convincere il signor Jourdain: i due si ritirano a discutere, mentre il signor Jourdain, rimasto solo, rimpiange di non essere nato nobile.

Scene da XVI a XX

Vengono annunciati Dorante e Dorimène. Mentre parlano, capiamo che Dorante spaccia per suoi i doni del signor Jourdain e che vuole sposare la marchesa. Quest'ultima è colpita dalle sue doti per corteggiarla, ma non sa che Dorante vive di prestiti e la manipola.

il signor Jourdain li interrompe. Dorante gli consiglia discretamente di non parlare del diamante che le ha regalato, per evitare che il suo inganno venga scoperto. L'atto si conclude con l'arrivo del lacchè, che invita i protagonisti a tavola.

ATTO IV

Scena I

La cena è accompagnata dalla musica. Dorante se ne prende il merito con Dorimène. Il signor Jourdain è riflessivo, nonostante la sua abituale goffaggine. A tavola, Dorante evita accuratamente l'argomento del diamante, ma Dorimène si rende conto della galanteria del signor Jourdain, che irrita Dorante.

Scene da II a IV

La signora Jourdain sorprende il marito che adula Dorimène. Quando Dorante afferma di essere stato lui a ordinare il pasto, il signor Jourdain, troppo ingenuo e sotto il controllo del Conte, pensa che lo stia coprendo. Ma si tratta solo di proteggere i suoi interessi con il marchese.

La signora Jourdain non si lascia ingannare e chiama tutti a raccolta. Dorimène, che non capisce la situazione, lascia la stanza in preda al panico. Dorante l'accompagna a casa. il signor Jourdain pretende le scuse della moglie; invano. Lo lascia solo e arrabbiato.

Scene da V a VIII

Covielle entra travestito da turco. Si presenta come un amico del padre del signor Jourdain: per ottenere la sua fiducia, gli fa credere che suo padre era un nobile signore, non un mercante. Poi annuncia che il figlio del Gran Turco desidera sposare Lucile. Ma perché questa unione abbia luogo, il signor Jourdain deve diventare un "mamamouchi" – titolo onorifico inventato da Molière – un nobile turco.

Ovviamente, accetta. Arriva poi Cléonte, anche lui travestito da turco. Covielle funge da interprete. La cerimonia di nobilitazione prevede un intermezzo musicale e percosse con bastoni e spade. Dorante viene informato dell'inganno da Covielle, che ride della sua ingegnosità.

ATTO V

Scene da I a III

La signora Jourdain chiede al marito di spiegare il suo travestimento da turco. Si arrabbia e parla in turco. Sua moglie pensa che sia pazzo. Dorante appoggia la mascherata di Cléonte e ne approfitta per convincere Dorimène a sposarsi: non vuole più che lui spenda soldi per corteggiarla. Il Conte si congratula anche con il signor Jourdain, che si scusa per il comportamento della moglie e manda a chiamare la figlia perché sposi il Turco.

Scene da IV a VI

Il signor Jourdain presenta a Lucile il suo futuro marito. All'inizio rifiuta di sposarlo, ma quando riconosce Cléonte, finalmente accetta. Lei fa passare questo cambiamento d'opinione come un improvviso desiderio di compiacere il padre, cosa che lo delizia.

Scena VII

La signora Jourdain è fortemente contraria al matrimonio, ma quando Covielle la informa dell'inganno (prendendola da parte per rivelarle il suo piano, senza che il signor Jourdain lo senta), alla fine acconsente.

Dorante annuncia anche il suo matrimonio con Dorimène, placando così la gelosia della signora Jourdain. il signor Jourdain pensa che si tratti di un trucco e lo lascia fare, sperando ancora di sposare la marchesa. Dà anche la mano di Nicole a Covielle. Viene così pianificato un triplice matrimonio.

In attesa del notaio, tutti sono intrattenuti dallo spettacolo offerto in onore degli ospiti: il *Balletto delle Nazioni* (spagnolo, italiano e francese). Questa parte, da sola, dura quanto il resto della commedia.

STUDIO DEL CARATTERE

SIGNOR JOURDAIN

Il signor Jourdain, ricco commerciante di stoffe, non ha praticamente alcuna istruzione. Sogna di essere come i nobili, ma non conosce le loro abitudini. Per questo motivo spende molto per imparare le loro abitudini e i loro costumi, per stringere legami e per avvicinarsi alla corte. Il suo obiettivo principale è quello di sedurre la marchesa Dorimène per elevarsi socialmente.

Estremamente credulone, viene presto individuato da truffatori che gli estorcono un sacco di soldi. Ingenuo, vanitoso e goffo al tempo stesso, il signor Jourdain suscita a volte risate – a sue spese – e a volte pietà, ad esempio quando saluta le varie istruzioni dei suoi insegnanti con una serie di "Uh?" che dimostrano la sua totale mancanza di comprensione.

Ma il signor Jourdain non è ingenuo. Per portare a termine il suo piano sospetta di tutti, perché sa di essere osservato. E infatti è oggetto degli sguardi di tutti – quelli dei suoi sfruttatori, dei suoi servi, di sua moglie, ecc. – che sono spesso maliziosi, beffardi o di rimprovero.

Il personaggio del bambino viziato è onnipresente e sostiene l'intera opera. Molière stesso interpretò questo ruolo, che da allora è diventato un successo per altri attori nei secoli successivi.

SIGNORA JOURDAIN

La moglie del signor Jourdain non nega il suo status di borghese. Incarna il buon senso e l'ordine di fronte all'eccentrica follia del marito. I suoi eccessi la lasciano sconvolta, soprattutto perché lui la esclude dai suoi piani. Le rimangono come ultima risorsa la derisione e la pazienza: in diverse occasioni chiama il marito "pazzo", il che illustra la sua impotenza di fronte all'enormità delle sue aspirazioni.

La signora Jourdain sostiene sempre ciò che ritiene giusto – ad esempio, rifiuta che la figlia sposi il Turco (che non sa essere Cléonte) – e sa anche difendere gli interessi della sua famiglia quando sono minacciati: ad esempio, è sospettosa di Dorante, temendo che possa truffare suo marito.

Infine, questo personaggio fornisce un utile contrasto con l'economia e la comicità della commedia: più la signora Jourdain appare ragionevole e composta, più il signor Jourdain appare ridicolo e credulone:

> MADAME JOURDAIN – *Sì, è gentile con voi e vi accarezza, ma prende in prestito i vostri soldi.*
>
> MONSIEUR JOURDAIN – *Beh, non è un onore prestare denaro a un uomo in quelle condizioni? E posso fare di meno per un signore che mi definisce suo caro amico?*
>
> MADAME JOURDAIN – *E cosa fa questo signore per voi?*
>
> MONSIEUR JOURDAIN – *Cose di cui ci si stupirebbe, se le si conoscesse.* (Atto III, Scena III)

DORANTE

Dorante si presenta come un conte, ma lo è davvero? Il dubbio aleggia per tutta l'opera, ma non viene mai eliminato. Tra il signor Jourdain e la marchesa Dorimène, egli funge da intermediario e sensale: trasmette le parole – a volte modificandole – di questi due interlocutori che non si parlano direttamente.

Ma al di là delle apparenze, le sue motivazioni sono chiaramente egoistiche e non ha alcun riguardo per il signor Jourdain, che sta truffando da tempo. Abile manipolatore e bugiardo, Dorante sfrutta le aspirazioni e il candore del signor Jourdain per servire i propri interessi. Gli estorce denaro senza scrupoli – fingendo di sostenere la sua ascesa — e seduce Dorimène al suo posto, spacciando i suoi doni per propri.

I MAESTRI

A casa del signor Jourdain, i maestri vanno e vengono a tutte le ore e sono tutti esperti nei loro rispettivi campi: danza, musica, scherma, filosofia e abbigliamento. Queste sono le discipline che si devono padroneggiare se si vuole essere un nobile, se si vuole essere considerati tali; da qui l'interesse del signor Jourdain per queste discipline.

I maestri beneficiano finanziariamente delle ossessioni del signor Jourdain. Per questo sono particolarmente dolci e premurosi in sua presenza. Ma questa è ipocrisia, perché in realtà tutti lo disprezzano: non appartiene al loro mondo, non comprende i loro codici, non ha la finezza né l'intelligenza e nemmeno la pazienza che gli permetterebbe di praticare le varie arti che insegnano:

> MAESTRO DI MUSICA – *[…] È un uomo, in effetti, le cui luci sono piccole, che parla falsamente di tutte le cose, e applaude solo in modo sbagliato; ma il suo denaro raddrizza i giudizi della sua mente. Ha discernimento nella sua borsa. (Atto I, Scena I)*

Disonesti approfittatori, si impegnano in inutili discussioni in cui ciascuno afferma la superiorità della propria disciplina e in cui, soprattutto, si dimostrano sciocchi almeno quanto il signor Jourdain. In ultima analisi, l'immagine che essi danno della nobiltà è quindi difficilmente più lusinghiera di quella che il signor Jourdain dà della borghesia.

DORIMÈNE

La marchesa Dorimène è una vedova capricciosa che il signor Jourdain cerca di sedurre per approfittare del suo titolo. A questo scopo, si rovina con regali sontuosi, ma spera anche di compiacerla con la nobiltà del suo spirito. Inoltre, durante la cena a cui l'ha invitata, Dorimène sembra mostrare un certo interesse per il borghese, cosa che disturba Dorante.

Viene ingannata dal signor Jourdain, ma anche da Dorante, che le fa credere che tutti i regali siano da parte sua. Tuttavia, lo stratagemma di Dorante funziona, poiché alla fine della commedia lei sta per sposarlo.

LE GIOVANI BORGHESI: LUCILE E CLÉONTE

Lucile è l'unica figlia dei Jourdain. Incarna lo stereotipo della ragazza fragile, amorosa e ingenua. La madre la incoraggia ad amare Cléonte, mentre il padre vuole imporre un matrimonio che serva i suoi interessi.

Cléonte incarna un altro cliché: quello del protagonista giovane, onesto e retto; è l'amante appassionato, pronto a tutto per sedurre la sua amata.

La coppia di amanti che si promettono l'un l'altro – e che riescono a sposarsi alla fine della commedia – è un elemento ricorrente nelle commedie del periodo classico.

I DOMESTICI: NICOLE E COVIELLE

Nicole è la domestica della signora Jourdain. Come donna del popolo, si permette di ridere sguaiatamente e senza ritegno delle stravaganze del suo padrone. Covielle, valletto di Cléonte, è anche l'amante di Nicole. Naturalmente pragmatico e astuto, è lui a escogitare uno stratagemma – invenzione del Gran Turco – per aiutare il suo padrone.

I servi sono ricorrenti anche nelle opere classiche. Attraverso questi personaggi, Molière si guadagnò la simpatia e il sostegno di una parte più popolare del pubblico.

CHIAVI DI LETTURA

UNA COMMEDIA-BALLETTO

Senza abbandonare le farse (*Sganarelle ou le Cocu imaginaire* [1660]; *Les Fourberies de Scapin* [1671]), Molière si specializzò nelle commedie di costume: caricaturò apertamente i difetti della società del suo tempo, anche a costo di suscitare polemiche (*Les Précieuses ridicules* [1659]; *L'École des femmes* [1662]; *Le Tartuffe ou l'Hypocrite* [1664]; *Dom Juan*; *Le Misanthrope* [1666]; *L'Avare* [1668]). Prima di lui, la commedia era un genere considerato largamente inferiore alla tragedia (ispirata, all'epoca, agli autori dell'antichità); fu grazie alle sue opere di grande successo che il genere acquistò le sue lettere di nobiltà.

Ma Molière fu anche, con Jean-Baptiste Lully, l'inventore di un nuovo genere: la comédie-ballet, l'antenato del musical, di cui *Le Bourgeois gentilhomme* e *Le Malade imaginaire* sono senza dubbio gli esempi più rappresentativi.

La prima commedia-balletto fu *Les Fâcheux*, nel 1661. Era già pratica comune all'epoca inserire intermezzi comici nei balletti per dare ai ballerini il tempo di cambiarsi tra una scena e l'altra; ma dove Molière aprì un nuovo terreno fu nello stabilire una continuità di trama tra i passaggi danzati e quelli recitati. In effetti, al momento della loro creazione, le comedie-balletto erano predisposte per essere integrate in un balletto: nel caso di Le *Bourgeois gentilhomme*, la commedia era seguita dal *Ballet des nations*.

La commedia-balletto utilizza gli stessi dispositivi comici della commedia canonica (comicità dei gesti, delle situazioni, dei personaggi e delle parole), ma aggiunge momenti di canto e di danza. Non va confuso con l'opera-balletto: mentre quest'ultimo è più dispersivo nella trama, la commedia-balletto segue un'unica azione e non si preoccupa delle azioni secondarie. Il suo tema centrale ruota molto spesso intorno alla questione del matrimonio di personaggi contemporanei e ordinari, rappresentanti della vita quotidiana del tempo.

Nel 1670, il re Luigi XIV, sempre desideroso di intrattenimento, commissionò al musicista Lully un balletto (all'epoca uno spettacolo di danza e canto). Inizialmente, a Molière fu chiesto di scrivere solo le poche parole del libretto. Ma Molière non voleva accontentarsi di far "farfugliare" i turchi e far ballare i valletti, così scrisse un'intera opera teatrale. Il drammaturgo voleva incorporare la danza nell'azione e rafforzare l'espressione dei sentimenti attraverso la musica. Tuttavia, l'intrattenimento non è quasi mai contrapposto alla commedia, ma ne è una naturale estensione. Si tratta quindi di uno spettacolo completo.

Durante i dieci anni di collaborazione, Molière e Lully (con l'aiuto di Pierre Beauchamp) crearono otto balletti comici: *Les Fâcheux*, *L'Amour médecin* (1665), *Pastorale comique* (1667), *Le Sicilien ou l'Amour peintre* (1667), *George Dandin ou le Mari confondu* (1668), *Monsieur de Pourceaugnac* (1669), *Les Amants magnifiques* (1670) e *Le Bourgeois gentilhomme*.

LA MODA DELLE TURQUERIE

L'Impero Ottomano (1299-1923) era molto influente all'epoca di Luigi XIV e si estendeva fino all'Austria. Era anche una grande potenza commerciale: sete, arazzi, spezie, canna da zucchero, cotone e altri beni di lusso passavano per questo Paese. Per questi motivi, alcune monarchie europee combatterono i turchi, mentre altre cercarono di allearsi con loro. Tuttavia, quando Molière scrisse *Il borghese gentiluomo*, l'Impero Ottomano non era più considerato una minaccia militare, anche se occupava i Balcani.

In ogni caso, questa civiltà suscitava l'ammirazione degli occidentali: erano davvero affascinati dall'esotismo di questa terra lontana, ancora poco conosciuta in Occidente. È in questo contesto che apparvero le "Turqueries", ossia opere d'arte sviluppate in Europa occidentale che rappresentavano o imitavano la cultura turca, ad esempio nel campo della musica: la prima voce dell'opera-balletto di Jean-Philippe Rameau (compositore francese, 1683-1764), *Les Indes galantes*, è intitolata "Il turco generoso") o dell'opera *Il Ratto dal Serraglio*, la cui musica fu sviluppata da Mozart (compositore tedesco, 1756-1791); la *Marcia Turca*, una sonata dello stesso Mozart, ecc.

Sotto Luigi XIV, il sultano ottomano Mehmed IV (1642-1693) fece espellere l'ambasciatore francese a Istanbul, ma desideroso di ristabilire buone relazioni tra le due potenze, nel novembre 1669 inviò a Versailles un emissario: Soliman Aga. L'emissario turco aveva abbagliato tutti coloro che si erano trovati sul suo cammino; lo sfarzo che aveva esibito era una testimonianza del potere del Sultano. Ma una volta giunto a destinazione, Solimano Aga si disinteressò della sontuosa accoglienza ricevuta e guardò dall'alto in basso la monarchia francese. Questa visita diplomatica aveva lasciato una profonda impressione. Nonostante l'esotismo che ancora affascinava la corte, nessuno dimenticò l'indignazione provocata da questo evento.

In *Le Bourgeois gentilhomme*, la moda turca appare attraverso il travestimento di Cléonte. Questo gli conferisce direttamente lo status di nobile agli occhi dell'ammirato signor Jourdain, che gli propone immediatamente la figlia in sposa. Molière voleva vendicare l'insolente freddezza dell'arrogante emissario che aveva snobbato il re? In ogni caso, la sua buffoneria fiabesca ha sedotto tutti.

UNA COMMEDIA COMICA

Una buffonata e una farsa

Le Bourgeois gentilhomme può essere paragonato alla buffoneria – un genere teatrale che affonda le sue radici nel Medioevo – in quanto la commedia gioca sul ridicolo e sul grottesco, sia attraverso i personaggi (in questo caso, mettendo in scena le ambizioni aberranti di il signor Jourdain) sia attraverso i travestimenti (ad esempio, il costume da turco, che il protagonista indossa volontariamente per essere nobilitato).

Ma la commedia fa anche parte della farsa, un genere di origine medievale, tradizionalmente riservato alla gente comune (a differenza della commedia, che si rivolge a un pubblico borghese, e della tragedia, che si rivolge a un pubblico nobile), che porta in scena gli intrighi risibili di persone di medio e basso rango, in uno stile spesso rozzo e grossolano.

In seguito ai suoi viaggi in Italia, Molière – che divenne famoso in questo filone con commedie come *Le Docteur amoureux* (1658) e, più tardi, *Les Fourberies de Scapin* – si ispirò al genere popolare della *commedia dell'arte*, ai suoi personaggi e ai suoi procedimenti; ne introdusse alcuni nel suo teatro: tra questi, i lazzi (movimenti acrobatici accompagnati da buffoneschi giochi di parole, come nella presunta cerimonia di nobilitazione del signor Jourdain), l'umorismo buffonesco e l'espediente comico del quiproquo. Attraverso il suo lavoro teatrale, Molière restituì un certo prestigio al genere della farsa, allora considerato indegno dell'interesse della borghesia e della nobiltà francese.

Quattro sorgenti comiche distinte

Tradizionalmente, le commedie generano la risata basandosi su quattro fonti principali: gesti, personaggi, situazione e parole. Non sorprende che tutti questi elementi siano utilizzati dal drammaturgo in *Le Bourgeois gentilhomme* :

- **la comicità gestuale** è un tipo di comicità indotta da movimenti ridicoli (come l'emissione di colpi). È, tuttavia, la comica meno presente nell'opera. Compare tradizionalmente nelle didascalie o può essere aggiunta dal regista in caso di adattamento per il palcoscenico. Appare, ad esempio, nell'Atto II, Scena II: "*Il maestro d'armi gli spinge due o tre stivali e dice: "En garde!"*");

- **la commedia di carattere** si basa sui tratti caratteriali di uno o più personaggi che scatenano la risata, per la loro ridicolaggine o per le loro molteplici apparizioni nel testo. Questa è probabilmente la forma di comicità più sviluppata nell'opera. Il personaggio del signor Jourdain (la sua ingenuità, la sua vanità, la sua ambizione) ne è l'esempio più lampante ed eloquente: in tutto il testo, i suoi desideri di grandezza sono costantemente derisi e messi in ridicolo. La scena IV del III atto, in cui il borghese si affretta a dare soldi a Dorante – che lo truffa – è uno dei tanti esempi della presa in giro del protagonista;

- **la comicità situazionale** si ritrova più volte nell'opera: è un comica in cui la situazione genera la risata per il suo carattere ridicolo o rocambolesco. Ad esempio, la quarta scena del secondo atto, in cui il signor Jourdain ripete le vocali in modo ridicolo, o le poche scene in cui lo spettatore (o il lettore) sa che Cléonte è in realtà il Turco travestito. Infatti, una delle manifestazioni privilegiate della comicità situazionale è il qui pro quo: lo spettatore è consapevole di una particolare situazione – così come alcuni dei protagonisti – ma gli altri personaggi sono all'oscuro di ciò che sta realmente accadendo. Questa distribuzione ineguale della conoscenza ha lo scopo di provocare una risata. È il caso della comparsa di Cléonte, travestito da turco (Atto IV, Scena VI), poiché lo spettatore, a differenza del signor Jourdain, è stato precedentemente messo al corrente dell'inganno;

- infine, c'è anche la **comicità delle parole**. Si manifesta nei giochi di parole, nell'uso di termini insoliti, nella confusione tra diverse parole simili, ecc. Ad esempio, nell'Atto III, Scena V, la signora Jourdain risponde ironicamente a Dorante, che le chiede come sta la figlia: "Sta bene sulle sue due gambe". Naturalmente, l'uso di un presunto dialetto turco da parte del signor Jourdain quando incontra Cléonte ("Strouf, strif, strof, straf", Atto V, Scena IV) invita il pubblico a ridere.

UNA SATIRA SUGLI EMERGENTI

In molte delle sue commedie, Molière drammatizza e ridicolizza – a volte cinicamente – i pericoli dell'eccesso, dell'egoismo, dell'ipocrisia e della vanità; al contrario, promuove sempre i vantaggi di un comportamento ragionevole. Così, dalle sue opere emerge generalmente una morale pratica, e *Le Bourgeois gentilhomme* ne è un esempio.

Alcuni individui acquisiscono ricchezza e successo molto rapidamente. Potrebbero allora sentire il bisogno di adornarsi con oggetti lussuosi, di cercare, con ogni mezzo, di mostrare apparentemente il livello di influenza e di potere che hanno appena raggiunto. Ma spesso le loro origini continuano a mostrarsi dietro questa nuova facciata e tradiscono la natura della loro condizione. Sono quelli che comunemente vengono chiamati "nouveau riche", i "parvenus": persone che hanno acquisito uno status sociale più elevato, ma che non sono riuscite ad adottare le maniere di quello status.

Nel XVII secolo c'erano persone ricche di estrazione popolare e una minoranza di loro era ossessionata dall'immagine che dava in società. Questi borghesi presuntuosi imitano coloro che invidiano e prendono a modello gli aristocratici. Il desiderio di abbagliare si trasforma talvolta in una folie de grandeur.

Così, in *Le Bourgeois gentilhomme*, il signor Jourdain – come George Dandin, l'eroe dell'omonima opera teatrale – crede di poter diventare un membro della nobiltà appropriandosi, attraverso il denaro e l'istruzione, delle caratteristiche di questa classe sociale: aspetto, lingua, cultura e modi. Ed è con questo spirito che convoca a casa sua una schiera di maestri di ogni genere.

Ma il signor Jourdain fatica ad adottare i codici della nobiltà: è goffo durante la lezione di scherma (Atto II, Scena II); si diverte con una musica sgarbata, indegna di un nobile (Atto I, Scena II); dimostra la sua mancanza di cultura non appena apre bocca (Atto II, Scena IV), ecc. È anche incapace di riconoscere i codici e le pratiche della nobiltà, accettando ad esempio una ridicola lezione sulla pronuncia delle vocali invece di ricevere una lezione di fisica (Atto II, Scena II), cosa che un vero nobile, o almeno qualcuno che conosce il mondo nobiliare, non avrebbe mai fatto.

Il signor Jourdain coltiva la sua ossessione per l'eccesso e la spinge fino al ridicolo. Attendiamo il momento in cui finalmente imploderà, come la rana che vuole diventare grande come il bue nella favola di La Fontaine (poeta francese, 1621-1695). E Molière lo prende in giro senza pietà, perché si crede diverso e cerca di elevarsi al di sopra del suo rango. Senza dubbio condivide l'opinione espressa da Cléonte in questa lunga filippica:

CLÉONTE – *[…] Penso che ogni impostura sia indegna di un uomo onesto, e che ci sia viltà nel mascherare ciò che il cielo ci ha dato, nell'adornarsi agli occhi del mondo con un titolo rubato, nel volersi dare per ciò che non siamo. Sono nato da genitori, senza dubbio, che ricoprivano cariche onorevoli. Ho acquisito l'onore di aver prestato sei anni di servizio nell'esercito e ho abbastanza proprietà per occupare una posizione abbastanza decente nel mondo; ma con tutto questo non voglio darmi un nome che altri al mio posto credano di poter rivendicare, e vi dirò francamente che non sono un gentiluomo. (Atto III, Scena XII)*

Le Bourgeois gentilhomme è dunque una costruzione letteraria più complessa di quanto non appaia, che utilizza diversi livelli di comicità per suscitare il riso nello spettatore: oltre ai diversi tipi di comicità (gesto, personaggio, situazione, parola), Molière si appropria di un genere all'epoca impopolare – perché riservato al popolo – e gli dà una visibilità e un successo senza precedenti. Come al solito, ha inserito nella sua commedia anche una critica alla società contemporanea e, così facendo, ci ha invitato a rileggere la sua opera.

SPUNTI DI RIFLESSIONE

ALCUNE DOMANDE PER UN'ULTERIORE RIFLESSIONE...

- Perché, secondo lei, Molière presenta il signor Jourdain solo nella seconda scena della commedia? Che senso ha un'entrata così tardiva?

- Qual è il vero ruolo dei diversi maestri? Come contribuiscono alla comicità dell'opera?

- La signora Jourdain ha una certa concezione del matrimonio; qual è? In cosa differisce da quella del marito, il signor Jourdain?

- In quali circostanze si può dire che il personaggio di Nicole è un'estensione di quello della signora Jourdain?

- Qual è, secondo voi, la forma più efficace di comicità nell'opera? Perché o perché no?

- Era necessario che Dorante sapesse della farsa di Cléonte e Covielle? Quali sono i loro rispettivi interessi in questa vicenda?

- Scegliete alcune espressioni che rivelino il vero status sociale del signor Jourdain.

- Caratterizzare il linguaggio del valletto, Covielle, contrapponendolo a quello del padrone, Cléonte. In che modo i loro rispettivi modi di esprimersi mostrano visioni diverse dell'amore?

- L'eliminazione delle scene di danza danneggerebbe la rappresentazione dello spettacolo? Considerate i pro e i contro.

- Guardate uno degli adattamenti dell'opera (al cinema o a teatro). Confrontate queste diverse versioni. Quali somiglianze e differenze con il testo notate?

PER ANDARE OLTRE

EDIZIONE DI RIFERIMENTO

MOLIÈRE, *Le Bourgeois gentilhomme, Le Médecin malgré lui*, Paris, Maxi-Livres, 2005.

STUDI DI BENCHMARK

DANTZIG C., *Dizionario economico della letteratura francese*, Parigi, Grasset, 2005.

DE BEAUMARCHAIS J.-P. e COUTY D., *Dictionnaire des grandes œuvres de la littérature française*, Paris, Larousse, 2001.

POLET J.-C. (a cura di), *Patrimoine littéraire européen. Avènement de l'équilibre européen (1616-1720)*, tomo II, Bruxelles, De Boeck, 1996.

Vogliamo sapere da voi!
Lasciate un commento sulla vostra biblioteca online
e condividete i vostri libri preferiti sui social media!

MUST READ

Perché scegliere Must Read?

Scoprite tutto quello che c'è da sapere su
un libro, con i nostri riassunti e le nostre
analisi concise e approfondite!

**Scoprite il meglio della letteratura
sotto una luce completamente nuova!**

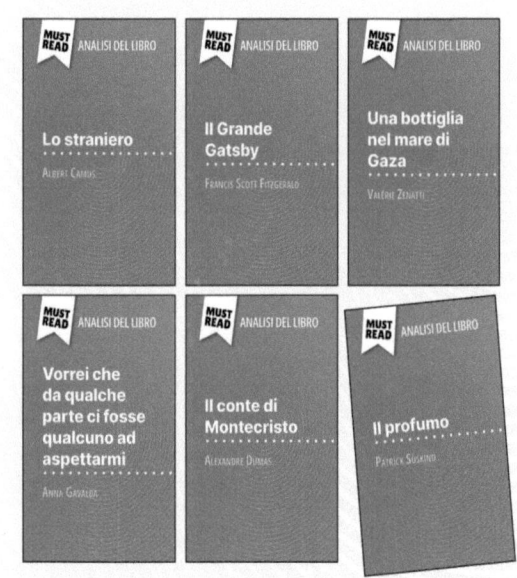

MUST READ ANALISI DEL LIBRO	MUST READ ANALISI DEL LIBRO	MUST READ ANALISI DEL LIBRO
Lo straniero	**Il Grande Gatsby**	**Una bottiglia nel mare di Gaza**
ALBERT CAMUS	FRANCIS SCOTT FITZGERALD	VALÉRIE ZENATTI
Vorrei che da qualche parte ci fosse qualcuno ad aspettarmi	**Il conte di Montecristo**	**Il profumo**
ANNA GAVALDA	ALEXANDRE DUMAS	PATRICK SÜSKIND

www.50minutes.com

www.50minutes.com

Master ISBN: 9782808689519
ISBN cartaceo: 9782808610919
Deposito legale: D/2023/12603/1371

Copertura: © Primento

Concezione digitale a cura di Primento, il partner digitale degli editori.